AF243157

LES TITRES

DE LA

DYNASTIE D'ORLÉANS

PAGES D'HISTOIRE DE FRANCE

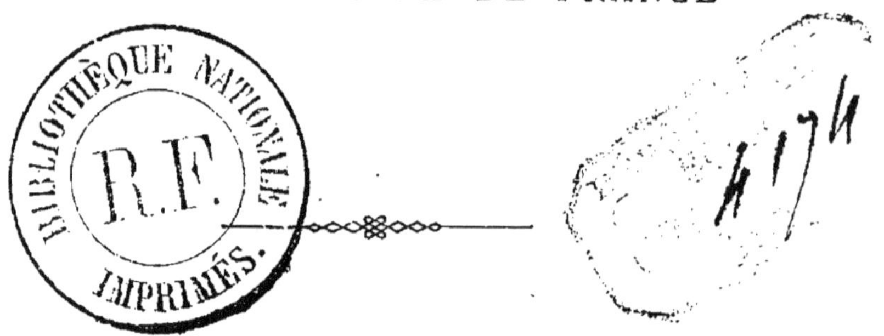

PARIS

LIBRAIRIE INTERNATIONALE

A. LACROIX, VERBOECKHOVEN ET Cᵉ, ÉDITEURS

13, boulevard Montmartre et faubourg Montmartre, 13

MÊME MAISON A BRUXELLES, A LEIPZIG ET A LIVOURNE

1871

PARIS. — IMPRIMERIE ÉMILE VOITELAIN ET Ce

61, rue Jean-Jacques-Rousseau.

LES TITRES

DE

LA DYNASTIE D'ORLÉANS

L'Assemblée nationale s'est déclarée Constituante. Elle a immédiatement usé de ses nouveaux pouvoirs en nommant M. Thiers président de la République française. L'Assemblée a, d'ailleurs, expressément déclaré que ce premier acte constitutionnel, bien que dicté par le désir d'affermir le gouvernement, n'engageait en aucune façon l'exercice ultérieur qu'elle se réserve de faire de ses hautes attributions.

Telle est la situation, et s'il est vrai, comme l'a dit M. Thiers dans son Message du 13 septembre, qu'il s'agisse en ce moment pour le pays de régler son sort présent et futur, M. le Président de la République a eu raison d'ajouter que jamais plus grand problème ne fut posé devant une grande nation.

Il est incontestable que l'Assemblée peut replacer la France sous le régime monarchique. Le fera-t-elle ?

Nous n'avons pas à examiner cette question. Nous constatons seulement qu'elle en a la faculté, et, ce point établi, nous en concluons que le premier devoir de tous ceux qui s'intéressent aux affaires du pays est de s'instruire de l'origine, du caractère dynastique, en un mot des titres de ceux qui ambitionnent le noble privilége de gouverner la France.

Ce n'est un mystère pour personne, qu'aucune des familles qui ont régné sur la France n'a abdiqué ses droits respectifs ni renoncé aux chances de l'avenir. Mais, parmi elles, il en est une qui se recommande plus immédiatement aux méditations du pays. Les princes d'Orléans ont cru devoir se faire une situation toute spéciale qui les met plus directement en cause qu'aucun de leurs compétiteurs. Les membres de la famille Bonaparte sont à Chislehurst, le comte de Chambord est à Frosdorf; les princes d'Orléans sont en France, et ont voix délibérative dans la conduite des affaires publiques. Tandis que les événements retiennent au loin les uns, tandis que l'autre s'isole dans une fierté d'attitude vraiment royale, les princes d'Orléans sont au cœur même de la place qu'il s'agit d'emporter, à l'Assemblée nationale ! Pendant que les uns se contentent d'espérer et les autres de s'affirmer, eux se sont mis en mesure d'agir.

Les considérations qui ont déterminé M. le comte de Chambord à ne pas prolonger son séjour en France n'ont pas eu le même empire sur les princes d'Orléans. Tout le monde se rappelle que le chef de la maison de Bourbon, après avoir à peine quelques jours reposé sa tête sous un toit français, a repris le chemin de l'étranger « pour ne pas être une cause de troubles à son pays. » Et cependant la France devait bien lui tenir au cœur, à lui le représentant de la vieille monarchie nationale, autant, pour le moins, qu'aux fils du roi Louis-Philippe. Mais, en agissant ainsi, M. le comte de Chambord a conquis, au prix du plus dur sacrifice, le droit de rejeter le nom de prétendant comme une injure.

A l'heure où la Patrie ramassait ses forces pour la lutte suprême, les princes d'Orléans sont venus se jeter dans les camps, au risque de diviser l'âme des armées. La lutte était à peine finie que, sur nos canons brisés, sur nos régiments mourants, sur les ruines encore fumantes de nos villes, les mêmes princes arborèrent leur candidature avec autant d'empressement qu'ils avaient naguère produit leur épée. Élus députés à l'Assemblée nationale, ils se dérobent aux terribles responsabilités de la vie publique, qu'ils ont sollicitée, et emploient leur temps à parcourir le territoire et à visiter les populations.

Fidèles à une tradition de famille, peut-être les princes d'Orléans se piquent de n'être en tout cela que de simples citoyens, prêts indifféremment à monter sur le trône, si le pays les y convie, comme à s'accommoder de l'égalité républicaine, si la France adopte les institutions du régime actuel. En 1830, Louis-Philippe se faisait appeler un roi-citoyen, et affectait de n'être que le premier garde national du royaume. Nous demandons à la loyauté des princes d'Orléans si elle ne souffre pas de ce qu'il y aurait d'équivoque dans cette réminiscence des Trois-Jours.

La royauté citoyenne est un des mensonges avec lesquels leur père a circonvenu les patriotes naïfs de son temps. Un pareil manége n'aurait aucun succès auprès des Français désillusionnés de leurs jours, et nous sommes persuadés qu'ils renonceront à un travestissement dont le pire effet serait d'amoindrir sans retour leur caractère personnel.

Par ses malheurs, la France a droit à des situations franches : elle disposera de son avenir comme elle l'entendra, mais elle veut le donner et non le laisser prendre.

Que les princes le sachent une fois pour toutes, il ne leur servirait de rien de se déguiser, tout le monde les reconnaîtra et personne ne prendra le change. Fussent-ils sincères, ils ne décourageront aucune espérance ni ne dissiperont aucune appréhension. Par la force des choses, en dépit de tous les subterfuges, partisans et adversaires de leur dynastie resteront sur la brèche.

Soit épreuve, soit faveur, le sort les a faits princes, et la pourpre royale est pour eux une robe de Nessus qu'ils ne dépouilleront pas ! Leurs électeurs ont voté la monarchie en les nommant, leurs adversaires ont repoussé une forme monarchique en écartant leurs noms de l'urne. Jamais leur personne n'a été en jeu. La plupart des Français ne les connaissent pas, personne n'a de raison pour les haïr ni pour les aimer. Ils ne sont un objet de sympathie ou d'inimitié que parce qu'ils sont pour tous l'image vivante du trône.

Nous supplions les princes de ne pas nous faire de serments ! Qu'ils se trompent ou qu'ils nous trompent, le résultat serait le même : tôt ou tard, les promesses les plus solennelles seraient violées, et on peut affirmer qu'un pareil scandale porterait le coup de grâce à notre malheureuse patrie. Elle aurait dès lors fait, avec la trahison, un pacte dont elle ne se relèverait jamais dans l'estime des siens ni de l'étranger. Si de pareils malheurs lui étaient réservés, mieux vaudrait pour elle s'être engloutie toute vive, avec ses derniers drapeaux et ses derniers soldats, dans la sublime horreur d'une lutte inexpiable !

Que les princes d'Orléans restent, et pour eux et pour tous, ce que le sort les a faits : là est leur devoir et leur excuse. En bonne théorie monarchique, ils appartiennent au trône plus que le trône ne leur appartient, et leur honneur est de ne pas se renier. Ils auraient, d'ailleurs, mauvaise grâce à le faire. Citoyens, leur conduite dans la guerre et dans la paix est répréhensible de tout point. Prétendants, ils sont dans la logique de leur rôle.

Le pays est dans la logique du sien, en interrogeant l'histoire de cette dynastie, qui ne craint pas de s'affirmer au prix des plus redoutables hasards. Il a le droit de savoir d'où elle vient, pour prévoir où elle le mènera. Il n'entend en aucune façon faire retomber les crimes des pères sur la tête des fils ; mais si, par aventure, il se trouvait en présence d'un passé qui ne lui rappelât que des hontes et des malheurs, il aurait le droit de repousser loin de lui une royauté irrévocablement condamnée.

Pour retrouver les titres de la dynastie d'Orléans, titres que les princes actuels ont, d'ailleurs, la modestie de ne jamais invoquer, il n'est pas besoin de remonter très-haut dans l'histoire, et tout nous porte à croire que ce n'est point à ce passé que M. Thiers a voulu faire allusion en parlant d'une tradition glorieuse de mille ans.

Qu'on en juge.

⁂

Il y avait une fois un prince et une princesse. Le prince était le frère du Roi. La princesse était la femme du prince. Autant celle-ci était spirituelle, pleine d'agrément, d'élégance et de grâce, autant celui-là était vulgaire et dénué non-seulement des mérites du prince, mais des qualités de l'homme. Pendant que la première embellissait par sa présence la plus belle cour du monde, le second vivait à l'écart et dans les intrigues avec des favoris de bas étage. La princesse, par les hommages qu'elle recevait, par l'influence qu'elle semblait accaparer, inspirait de l'antipathie à son mari. De son côté, le prince, par des raisons que l'on devine, excitait le mépris de sa femme. Un jour, le prince emmena la princesse dans un de ses châteaux; fatiguée et souffrante, elle porta un verre d'eau à ses lèvres; de violentes douleurs la saisirent. Le lendemain, avant le jour, elle était morte.

La princesse s'était crue empoisonnée; tout le monde en était persuadé. La cour, dit l'histoire, fut dans une douleur et une consternation que le genre de mort augmentait. Le Roi, qui avait pour cette princesse le plus vif attachement, le Roi lui-même faillit pleurer, et le plus grand prédicateur du temps fut chargé de l'oraison funèbre.

Y eut-il réellement crime? La question a été controversée par les historiens. Ce n'est pas nous qui la résoudrons. Nous ne pouvons discuter ici les rapports des médecins du temps et les affirmations diverses des témoins. Nous ne rappelons cet événement que parce qu'il nous montre la famille d'Orléans débutant sur la scène de l'histoire, en la personne de son chef Philippe, frère de Louis XIV.

Quant à ce prince, « c'était, assure un historien, un « homme efféminé, fantasque, aussi médiocre d'esprit « que de cœur, et dont les habitudes puériles et bi- « zarres laissaient soupçonner des penchants honteux. »

Voilà tout ce que nous en pouvons dire, car ses actes se dérobent à l'histoire, son caractère échappe à l'analyse et ses mœurs effraient les investigations.

*
* *

Le Roi-Soleil était à son déclin. Après l'éclat des fêtes et des victoires, commençaient à poindre les sombres complications de l'avenir. Cette cour brillante qui avait si longtemps ébloui l'Europe, avait perdu peu à peu tout ce qui en faisait l'ornement et la gloire. Toutes ces splendeurs s'étaient évanouies comme les flambeaux qu'on éteint après une cérémonie. Tout ce monde s'était figé dans la dévotion froide et monotone de Mme de Maintenon, comme pour expier sa grandeur passée et pour attendre dans le silence et le recueillement l'heure des désastres.

Quand cette heure arriva, il y avait près du trône ce que nous retrouverons dans toutes les occasions semblables, un d'Orléans prêt à mêler ses intrigues aux affaires du pays et à mettre les malheurs de la France au service de son ambition. Ce prince, d'ailleurs, méprisé pour ses mœurs, était Philippe, neveu et gendre du roi, dont il avait épousé une des filles adultérines, nées de Mme de Montespan. Si son père fut le chef de la famille, on peut dire qu'il est, lui, le fondateur de la dynastie. Il en est le fondateur non-seulement parce qu'il usurpa le premier le gouvernement, mais parce qu'en sa personne on voit se dessiner nettement les traits communs à toute cette race et s'accuser le rôle équivoque et souvent criminel qu'elle a joué dans l'histoire.

En **1708**, Philippe d'Orléans s'annonce par une intrigue. Envoyé en Espagne pour y servir la politique nationale, il travaille à sa fortune, noue avec l'Angleterre des relations secrètes et essaye de supplanter sur le trône celui même qu'il était chargé de défendre ; et cela au moment le plus douloureux de cette longue guerre de la Succession d'Espagne, après Hochstedt, après Turin, après Ramillies, après Oudenarde, quand la France est envahie au nord et au midi par la Flandre et par la Provence, quand le vieux roi parle de se mettre à la tête de sa noblesse pour aller du moins mourir à la frontière. Louis XIV, instruit à temps des menées de son gendre et neveu, étouffa cette affaire pour éviter le scandale d'un procès de haute trahison.

Mais l'opinion publique ne s'y trompa point. Elle avait déjà reconnu l'ambitieux sans scrupules et l'intrigant sans loyauté. Aussi, lorsque, quelques années plus tard, on vit disparaître, en moins d'un an, presque tous les descendants du roi, une voix unanime s'éleva. Nous laissons parler les historiens : « A « l'ouverture des corps, les accusations devenaient « de plus en plus directes contre celui des princes qui « paraissait avoir le plus d'intérêt à ces morts. Le duc

« d'Orléans avait été poursuivi des clameurs du peu-
« ple lorsqu'il s'était présenté pour jeter de l'eau bé-
« nite sur le corps de la dauphine. La cour avait re-
« porté ces cris jusqu'aux oreilles du malheureux
« monarque qui pleurait à la fois tous ses enfants et
« qui avait à chercher des assassins et des empoison-
« neurs dans le reste de sa famille. »

Ainsi, dès qu'une intrigue était découverte, on y
voyait toujours la main du duc d'Orléans. Le roi lui
disait : « Vous avez pour accusateurs vos mœurs et vos
« affreux principes. » Et la foule, qui jugeait Philippe
capable de tout, ne lui ménageait pas de rudes leçons.
Lors des funérailles des deux dauphins et de la dauphine, une multitude indignée se précipita en masse à
la suite du cortége jusqu'au Palais-Royal. Là, le con-
voi fut obligé de s'arrêter au milieu du tumulte et des
vociférations. La foule appelait à grands cris le duc
d'Orléans : « Voilà tes victimes, viens donc les regar-
« der, misérable empoisonneur ! »

Si ce travail était inspiré par la passion politique au
lieu d'être dicté par le sentiment d'un devoir patrioti-
que, s'il était une œuvre de colère au lieu d'être une
œuvre de justice, on reconnaîtra que nous pourrions
facilement faire de ces simples pages d'histoire un
drame à la fois sinistre et scandaleux, plein de hontes
et de crimes, dont l'intrigue dominante serait l'effort
continu, opiniâtre des d'Orléans pour arriver, coûte
que coûte, au gouvernement. Non-contents de montrer

que toute leur politique, leurs manœuvres sous la monarchie, leur libéralisme d'emprunt aux époques de crise, que tout cela n'a qu'un but : le pouvoir, nous y ajouterions encore les vices ou les crimes dont ils furent convaincus ou accusés, et, certes, il serait alors difficile d'imaginer un tableau mieux fait pour exciter le mépris ou l'indignation. Mais ce tableau, nous ne le ferons pas. S'il nous répugnerait de peindre, fût-ce même pour les flétrir, les débauches du Régent et les mœurs infâmes de son père, nous ne voulons pas davantage approfondir les soupçons, présumer les projets, incriminer les intentions, sonder l'abîme des turpitudes. Nous nous bornons au récit des faits reconnus, patents, irrécusables. Nous laissons la parole à l'histoire; elle parle assez haut.

Louis XIV n'était plus. Le nouveau roi avait cinq ans, et sa minorité devait être longue. D'une santé frêle et chétive, il pouvait mourir, laisser le trône vacant. Occasion unique! Qui dominerait la situation? Philippe tenta la fortune. Louis XIV avait, par testament, organisé un conseil dont le duc d'Orléans était le chef, mais il avait eu soin de restreindre considérablement l'autorité de ce tuteur suspect. Le lendemain de sa mort, Philippe était maître absolu du gouvernement de la France.

Il serait curieux de comparer cet escamotage du pouvoir à celui dont le roi Louis-Philippe fut le héros en 1830.

A plus de cent ans d'intervalle, il semble qu'on revoie la même situation et les mêmes hommes. Chez le Régent et chez Louis-Philippe, mêmes procédés, mêmes traits de caractère. Il y a là des traditions de famille.

En 1715 et en 1830, nous voyons une Assemblée à la fois monarchique et infidèle à son monarque. L'une est le Parlement, l'autre est la Chambre des députés. L'une et l'autre disposent sans droit du gouvernement de la France.

Des deux côtés, deux princes d'Orléans mandataires de leur roi et traîtres à leur mandat. Louis-Philippe, nommé par Charles X lieutenant général du royaume, usurpe la royauté avec quelques députés pour complices. Philippe d'Orléans, créé chef du conseil par le testament de Louis XIV, s'en sert pour réclamer l'autorité absolue. Devant le Parlement assemblé, il ne craint pas de prêter au roi défunt les paroles les plus invraisemblables : « Je vous recommande le dauphin. « S'il vient à manquer, vous serez le maître, et la cou- « ronne vous appartient. S'il y a quelque chose qui ne « soit pas bien, changez-le. » Puis il ajoute que son seul dessein est de soulager le peuple, de rétablir les finances, d'entretenir la paix au dedans et au dehors, etc., etc. Il demande, pour l'aider dans sa tâche, « les sages remontrances de l'auguste assemblée du Parlement, » dont il devait, quelque temps après, briser les résistances en lui interdisant de s'immiscer dans les affaires de l'État.

On croirait entendre Louis-Philippe candidat au trône proclamant la sincérité de ses principes libéraux, assurant que la Charte serait désormais une vérité, distribuant les compliments, les promesses, les poignées de main en attendant les emprisonnements et les coups de fusil. Cette analogie se retrouve dans les moindres détails. Le Régent déclare expressément que le Conseil ne doit pas intervenir dans la collation des charges, des bénéfices et des grâces. « Je veux, disait-il, avoir à cet égard une entière liberté ; je veux être le dispensateur des récompenses ; je veux être libre pour le bien et avoir les mains liées pour le mal. » Louis-Philippe était aussi un dispensateur généreux des récompenses. Je ne sais si ses mains étaient liées pour le mal, mais le bien s'en échappait avec une profusion d'autant plus remarquable que la prodigalité n'est point, chez les d'Orléans, un défaut de famille. A celui-ci une place, à celui-là un brevet, à l'autre un ruban, à l'autre une concession ; tous avaient part à ses bontés. Aussi tenait-il en ses mains la clef des dévouements ; et quand il ouvrait les sessions législatives, ce n'était pas sans un paternel orgueil et sans une légitime confiance en lui-même qu'il regardait devant lui l'image de la France telle que son règne l'avait faite.

Revenons au Régent. Il est inutile de raconter à quels moyens il dut le succès de son entreprise. Il employa les procédés usités en pareil cas. Il s'assura le concours des fonctionnaires, des magistrats, des généraux ; l'un de ces derniers lui coûta même 600,000 francs. Mais Philippe savait bien qu'une fois au pouvoir on peut toujours s'indemniser des frais qu'on a faits pour y parvenir. En somme, quand le moment vint de jouer la partie, il avait, comme on dit, tous les atouts dans son jeu : le Parlement déclara qu'il avait gagné.

Mais cela ne suffisait point ; il fallait consolider ce pouvoir si bien acquis, et, dans le cas où Louis XV mourrait sans postérité, assurer le trône à la branche d'Orléans contre les prétentions de la branche d'Espagne. Louis XIV avait dit : « Il n'y a plus de Pyrénées ! » Au rebut cette vieille politique ! Relevons les Pyrénées, s'il le faut. Il s'agit bien de l'intérêt de la France, quand celui des d'Orléans est en jeu ! Dès son avènement, Philippe n'a pas d'autres alliés que les Anglais, nos ennemis d'hier et nos vainqueurs de demain. Et savez-vous pourquoi? C'est qu'à la veille de son usurpation, les Anglais, certains de trouver en lui un instrument docile, lui avaient offert de l'argent et des soldats. Philippe, déjà sûr du succès, avait refusé. « Mais, dit un historien, les égards témoignés par lui « à lord Stairs, agent de l'Angleterre, attestèrent qu'il « ne s'estimait point offensé de ces offres, et ce fut le « commencement d'une liaison entre les maisons de « Hanovre et d'Orléans qui eut de tristes résultats « pour la France. » C'est ainsi qu'en pleine paix, alors que rien ne l'y forçait, un prince d'Orléans n'eut pas honte de porter la peine de mort contre quiconque ferait concurrence aux trafiquants anglais dans la mer du Sud; un prince d'Orléans n'eut pas honte de signer un traité dont le préambule donnait au roi d'Angleterre le titre de roi de France; un traité qui stipulait que des commissaires anglais surveilleraient la démolition de notre pcrt de Dunkerque; un traité qui fut rédigé en latin, contrairement à tous les usages diplomatiques, afin de marquer le mépris de l'Angleterre pour la langue française.

En vérité, à ce moment, il semble qu'il y ait une lacune dans l'histoire; le cours des destinées de la France paraît suspendu. Où est la politique nationale? Où sont les hautes pensées et les grands caractères? Où est la gloire, où est l'honneur du pays? Le spectacle que nous avons sous les yeux n'offre rien de la vieille France monarchique, rien de la future France républicaine. Horizon obscur et confus que n'illuminent ni les rayons de l'astre royal, ni les éclairs de la foudre révolutionnaire. L'œil ne distingue qu'un chaos immonde, une sombre mêlée d'ambitions, de convoitises, de bassesses, de vices et de crimes. Dans cette nuit, tout une société se décompose, le duc d'Orléans préside.

Cet homme fut l'agent de la décadence française. Il y travailla pour son compte. Intelligent, il eut conscience du rôle qu'il jouait, mais poursuivi par cette idée fixe des d'Orléans : le pouvoir, et trop profondément corrompu pour éprouver aucun scrupule, il spécula hardiment sur la ruine de l'État. Il ne gouverna pas la France, il l'exploita. La politique ne semble même avoir été chez lui, comme chez tous ceux de sa race, que l'instrument d'ambitions plus basses et plus vulgaires. Du sein des orgies, lorsqu'après plusieurs nuits passées portes closes avec défense à qui que ce fût d'entrer, il quittait d'un pas alourdi ces petits soupers où, en compagnie de ses roués, il se livrait à tous les raffinements de la débauche, le Régent ne retrouvait sa lucidité et son énergie que s'il s'agissait de tenter une combinaison financière ou un coup de Bourse. C'est de lui, c'est du système de Law que datent ces spéculations trop habiles pour être honnêtes et qui sont pour un peuple un élément de démoralisation d'autant plus rapide qu'elles mettent en discrédit les conseils du bon sens et les efforts persévérants du travail. Philippe donnait royalement l'exemple. L'exemple était suivi par ses courtisans, qu'on appelait seigneurs Mississipiens, et les gens d'affaires qui formaient son entourage : tous à l'envi profitaient de leur situation pour enlever les bénéfices avec une dextérité digne d'un autre nom. Puis, au-dessous d'eux, se ruait vers l'appât offert à sa voracité une foule innombrable, avide d'or, de luxe et de plaisirs. Les contemporains nous ont laissé le tableau de ce délire, de ce vertige qui saisit alors toutes les classes de la société, l'image de ce peuple affolé par une fureur de jouissances inconnue jusque là et qui se précipitait en masse dans l'abîme. Tristes et honteuses scènes qui sont la condamnation sans appel de celui qui les a provoquées !

D'ailleurs, Philippe lui-même se rendait justice. Il se rendait justice en choisissant pour ami, pour conseiller, pour principal ministre « ce fripon d'abbé Dubois, le plus grand coquin qu'il y eût au monde ; » ce Dubois, moitié précepteur, moitié entremetteur ; ce Dubois, pensionné par l'Angleterre, et « chez qui, « suivant Saint-Simon, tous les vices, la perfidie, l'a- « varice, la débauche, la basse envie combattaient à « qui demeureraient le maître. »

Philippe d'Orléans se rendait justice. Il n'eût point accepté les circonstances atténuantes plaidées en sa faveur par le roi Louis-Philippe, lequel prétendait qu'on avait calomnié le Régent. Le Régent, plus sévère pour lui-même, déclarait excellent le mot que lui dit en face Mᵐᵉ de Sabran : « Quand Dieu eut créé l'homme, il « prit la boue qui restait pour en faire les princes « et les laquais. »

*
* *

Qui n'a vu un chef de famille, homme d'entreprise et d'initiative, ayant conquis par son habileté et ses efforts une belle position dans le monde, se désoler de l'inertie du fils à qui il espérait confier la continuation d'une fortune si laborieusement commencée? Il a eu beau accumuler les ressources, supprimer d'avance les difficultés de la tâche, peines perdues! le jeune homme est sollicité par d'autres goûts, entraîné par d'autres instincts. Le fils du Régent paraît avoir été ce jeune homme rebelle à l'ambition de son père et compromettant par sa malheureuse indifférence le brillant avenir que celui-ci croyait assuré.

Le duc de Chartres n'avait ni les talents ni les vices du Régent. Dépourvu d'intelligence et d'aptitude à quoi que ce fût, il vivait dans les pratiques d'une dévotion minutieuse et craintive. Son précepteur, un honnête abbé égaré dans ce monde corrompu, l'avait laissé aussi médiocre qu'il l'avait trouvé, et ne pouvant en faire un homme, avait cru remplir sa tâche en l'empêchant de devenir un scélérat. Une telle éducation ne promettait rien de bon au duc d'Orléans. Il essaya tous les moyens pour stimuler l'ambition de son fils. Il le fit entrer au Conseil, il rétablit pour lui la charge de colonel général de l'infanterie française; et comme il ne réussissait point à passionner cette nature indolente et molle, il fit appel au plaisir pour secouer une si fâcheuse apathie. Le duc de Chartres reçut de son père une maîtresse qu'il garda quelque temps par déférence filiale. Mais cette tentative échoua définitivement comme toutes les autres. Décidément le Régent ne pouvait rien faire de son fils.

*
* *

Ce fut son petit-fils, né du précédent et d'une princesse badoise, qui reprit la tradition de la maison
d'Orléans. Avec ce prince, d'ailleurs profondément nul
comme son père, l'esprit d'intrigue recommence à
poindre. La famille cherche à dessiner son rôle; elle
affecte les idées en vogue ; elle prend des allures phi-
losophiques et libérales ; elle se recommande à l'atten-
tion des ennemis du trône par une sourde et perpé-
tuelle opposition qui ne l'empêche point de savoir
rentrer en grâce lorsqu'elle est lésée dans ses intérêts
par son éloignement de la cour. Il nous est impossible
d'entrer dans le détail de toutes ces menées misérables;
mais on peut déjà reconnaître où elles tendent, et prévoir où elles aboutiront. Quand le petit-fils du Régent
meurt, Philippe-Égalité lui succède et Louis-Philippe
est déjà né.

*
* *

Le 17 janvier 1793, le duc d'Orléans fut appelé à la
tribune de la Convention le dernier des députés de
Paris pour prononcer sur le sort du roi de France dont
les hasards de la destinée avaient fait le prisonnier du
peuple.

« Un profond silence se fit à son nom. Sillery, son
confident et son ami, avait voté contre la mort. On
s'attendait que le prince voterait comme son ami ou
qu'il se récuserait au nom de la nature et du sang. Aux

yeux des jacobins mêmes il était récusé. Il ne se récusa pas. Il monta lentement et sans émotion les marches de la tribune, déplia un papier qu'il tenait à la main et lut d'une voix stoïque les paroles suivantes : « Uniquement occupé de mon devoir, convaincu que tous ceux qui ont attenté ou qui attenteront par la suite à la souveraineté du peuple ont mérité la mort, JE VOTE POUR LA MORT. » Ces paroles tombèrent dans le silence et dans l'étonnement du parti même auquel le duc d'Orléans semblait les concéder comme un gage. Il ne se trouva pas sur la Montagne un regard, un geste, une voix pour applaudir. ⟩ . . . . . . :

« Robespierre lui-même, rentré le soir dans la maison de Duplay et s'entretenant du jugement du roi, parut protester contre le vote du duc d'Orléans. « Le malheureux ! dit-il à ses amis, il n'était permis qu'à lui d'écouter son cœur et de se récuser, il n'a pas voulu ou il n'a pas osé le faire; la nation eût été plus magnanime que lui (1). »

Le premier prince du sang votant la mort du roi, la dernière chance de vie se retournant contre le patient, la mort sortant de la seule bouche dont le malheureux ait pu attendre une parole amie, c'est là un des événements les plus extraordinaires de l'histoire et qui frappe encore d'étonnement, quelque mal qu'on pense du cœur humain et qu'on ait dit des révolutions.

---

(1) Lamartine, *Histoire des Girondins.*

En présence de la scène racontée d'une façon si saisissante par un de ceux qui ont su parler avec le plus de cœur des misères humaines, on se demande quel est donc ce duc d'Orléans si au-dessus ou au-dessous de la nature commune, si monstrueusement criminel, comme disait plus tard Louis XVIII à Mittau, ou si stoïquement vertueux comme personne jusqu'ici ne s'est encore avisé de dire.

*
* *

Le duc Louis-Philippe-Joseph d'Orléans était tout simplement un homme sans principes, rongé jusqu'à la moelle par la corruption de son temps, un ambitieux qui, non-content d'être premier prince du sang avec une fortune plus que royale, intrigua dans tous les sens, par tous les moyens, avec tous les instruments contre la monarchie à qui en fin de compte il devait tout, un imprudent qui se jetait dans toutes les aventures sans être capable de sortir à son honneur d'aucune.

Mirabeau le méprisait, La Fayette le méprisait, Danton le méprisait, la cour le méprisait, tous ceux qui l'ont connu l'ont méprisé, et quand il plongea les mains, lui prince, dans le sang de son roi, lui d'Orléans dans le sang d'un Bourbon, il n'arracha à la droite, à la gauche, aux tribunes de la Convention, à la France et au monde qu'une sensation de suprême mépris !

Pour se venger de la reine qui lui avait fait refuser la survivance de la charge de grand-amiral de France, à laquelle il n'avait d'autre titre que d'avoir peut-être fait honte à Lamotte-Piquet au combat naval d'Ouessant, il se jeta à corps perdu dans les idées nouvelles, et lâcha sur Louis XVI, sur Marie-Antoinette, sur la monarchie, les bandes faméliques des *bravi* littéraires qu'entretenaient ses cuisines.

Un jour, au Palais-de-Justice, dans une séance royale à propos d'un édit de finances, il fait une scène au roi. Celui-ci se fâche et l'envoie chasser à Villers-Cotterets. « Dépourvu à la fois, dit M. Thiers, de la dignité d'un prince et de la fermeté d'un tribun, il ne sut pas supporter une peine aussi légère, et pour obtenir son rappel il descendit jusqu'aux sollicitations même envers la reine, son ennemie personnelle. » L'exil fut levé, et une recrudescence de pamphlets, d'écrits injurieux de tout genre paya à la reine de France la dette de reconnaissance du duc d'Orléans.

Aux premiers jours de la Révolution, il n'est bruit que du prince Louis-Philippe-Joseph ; on l'acclame en personne, en effigie, tous les échos répètent son nom : c'est le père du peuple, l'ami de la nation, le défenseur des droits de l'homme ! Tant de désintéressement attendrit les patriotes, tant de vertu est un objet d'admiration universelle ; on s'écrase à son entrée dans la salle du Tiers et le peuple reconnaissant lui fait les honneurs des premières émeutes.

Dès ce moment, son or et ses agents sont à peu près partout et dans tout. L'opinion reconnaît sa main dans les troubles du faubourg Saint-Antoine, et plus d'un témoin affirma devant le Châtelet avoir vu le duc dirigeant en personne les bandes populaires à l'attaque du château. C'est du Palais-Royal que partent toutes les émeutes : c'est là que tous les soirs rugit la lave révolutionnaire, et cette coïncidence fait réfléchir plus d'un contemporain.

L'intrigue a toutes les formes : d'Orléans n'en néglige aucune. Il se glisse auprès de tous les chefs de parti et les compromet tour à tour. Mirabeau est son familier et bientôt il va fraterniser avec Danton.

Le duc de Chartres et le duc de Montpensier sont membres du club des Jacobins !

Toutes les révolutions sont, en même temps que des explosions politiques, des éruptions sociales. Tout ce que le mouvement de 89 dégagea d'ambitions, de convoitises, de capacités sans scrupules, se groupa par une sorte d'affinité naturelle autour du duc d'Orléans, et il fut le premier patron de cette funeste clientèle, bien grossie depuis, que notre temps appelle la bohême politique.

Rien ne pourra désormais arrêter l'effet de cette désastreuse semence. La presse, la tribune, l'épée même seront bientôt flétries, et la France peut, à juste titre, maudire dans la démoralisation qui commence à cette époque, la cause de toutes ses défaillances et de tous ses malheurs.

Ouvrez les mémoires de la Révolution : il n'y est question que de pamphlétaires soudoyés, que de journalistes achetés, que d'orateurs vendus !

On ne saurait trop le répéter : c'est la première fois que ce désolant phénomène s'est produit en France dans de pareilles proportions ; c'est la première fois que la conscience du pays fut affligée de ces écœurants spectacles, plus hideux à contempler que les pires catastrophes !

Si c'est devenu de nos jours presque une naïveté de demander des politiques sincères et des écrivains convaincus, si la corruption a passé dans le sang du pays, si le génie national se gangrène et s'étiole chaque jour davantage, l'histoire en main, nous avons le droit de dire : C'est un d'Orléans qui a inoculé le venin au pays, et c'est là peut-être le plus grand crime du prince régicide !

D'autres ont versé plus de sang et trempé dans plus de deuils, mais l'implacable histoire ne doit pas être moins sévère pour ces scélératesses effacées qui sont souvent plus funestes.

Cet homme mentait au peuple, en le flattant : il n'y croyait pas plus qu'en Dieu, pas plus qu'en une justice vengeresse dont le mépris a été le signe d'une trop grande partie de sa génération !

Il avait embrassé la cause populaire à la suite d'une

disgrâce. Il était prêt à la déserter au moindre retour de faveur.

En pleine Révolution, quand il avait déjà fait tant de mal à la monarchie, qu'on pouvait croire à l'existence d'un abîme infranchissable entre le duc et la cour, il prouva qu'aucune palinodie ne dépassait ses forces.

Dans l'espoir d'un rapprochement suprême, le ministre Thévenard eut l'idée de comprendre le duc d'Orléans parmi les amiraux désignés pour réorganiser l'état-major de la flotte.

Le duc, ravi, fit tout ce qu'on voulut ; il revit le roi et s'entretint longtemps avec lui. Bertrand de Molleville nous a conservé, dans ses *Mémoires*, les impressions que le roi rapporta de ces entretiens : « Je crois comme vous, me dit le roi tout attendri, que le duc d'Orléans revient de bonne foi, et qu'il fera tout ce qui dépendra de lui pour réparer le mal qu'il a fait et auquel il est possible qu'il n'ait pas autant de part que nous avons cru. »

Le duc serait revenu à la cour, si de leur propre mouvement les courtisans n'y avaient mis le holà ! Quand il se présenta aux Tuileries, le dimanche qui suivit cette entrevue, on ne lui laissa pas aborder le roi : il fut chassé ignominieusement.

Répudié à jamais de ce côté, le duc d'Orléans eut une consolation ! Il fut adopté par la Commune de Paris, qui poussa la sollicitude à son égard jusqu'à lui donner un nom de son choix.

Le duc Louis-Philippe-Joseph d'Orléans, premier prince du sang, devint le citoyen Égalité.

On sait le reste de sa vie : elle n'eut pour excuse que l'expiation finale.

Il est temps d'en finir avec ce triste personnage qui, après le plaisir, n'eut jamais d'autre dieu que l'or et d'autre religion que l'intrigue.

Nous l'aurions volontiers laissé dormir en paix dans les limbes où gît sa pâle renommée, s'il n'était au service du droit et de la pudeur nationale des revendications éternelles, et si le patriotisme indigné avait, en face de certaines prétentions, d'autre ressource que d'en appeler à l'histoire.

*
* *

Il est des hommes à qui la complexité de leur rôle multiplie les responsabilités. Le roi Louis-Philippe est du nombre : les hasards de sa naissance et de sa fortune l'ont rendu justiciable à la fois de tous les partis et de toutes les causes, de la légitimité comme de la Révolution, du patriotisme comme du libéralisme, de l'ordre comme de la morale sociale.

Il convient de l'examiner successivement à tous ces points de vue, si on veut se rendre un compte exact de la valeur d'un gouvernement qui, dans ce moment surtout, appartient à la politique plus encore qu'à l'histoire.

Le 1er août 1830, le roi Charles X envoya de Rambouillet, au duc d'Orléans, une proclamation dont l'article Ier était ainsi conçu : « Le roi, voulant mettre fin aux troubles qui existent dans la capitale et dans une autre partie de la France, comptant, d'ailleurs, sur le sincère attachement de son cousin le duc d'Orléans, le nomme lieutenant général du royaume. »

Le duc d'Orléans répondit à cette proclamation par une lettre qui, dit l'auteur de l'*Histoire de dix ans*, émut doucement le vieux monarque. « Elle était affectueuse et pleine de témoignages de fidélité. Charles X en fut si touché que dès ce moment toutes ses hésitations s'évanouirent. Charles X n'avait jamais eu pour le duc d'Orléans la même répugnance que beaucoup d'hommes de la cour. Il fut donc charmé de trouver dans ce prince le protecteur de son petit-fils, et, convaincu que la loyauté du duc d'Orléans était la meilleure garantie de l'avenir royal destiné au duc de Bordeaux, il réalisa sans retard un projet qu'il n'avait encore conçu que vaguement. Non-content d'abdiquer la couronne, il usa de l'empire absolu qu'il exerçait sur le dauphin pour le faire consentir, lui aussi, à une abdication, et il crut au salut de sa dynastie.

« Charles X, je le répète, ne pensait pas que sa chute pût entraîner celle de son petit-fils, surtout dans une crise que le premier prince du sang était en mesure de dominer. Sa confiance, à cet égard, était si grande, qu'il manda auprès de lui le général de Latour-Foissac et lui donna, en présence du baron de Damas, diverses instructions relatives à la rentrée du duc de Bordeaux dans Paris . . . .

« Enfin il lui remit l'acte d'abdication dont on lira plus bas la teneur, en le chargeant d'aller le porter au duc d'Orléans (1) ».

Entre autres dispositions, cet acte énonçait : « Vous aurez, en votre qualité de lieutenant général du royaume, A FAIRE PROCLAMER L'AVÉNEMENT DE HENRI V à la couronne. Vous prendrez, d'ailleurs, toutes les mesures qui vous concernent pour régler les formes du gouvernement pendant la minorité du nouveau roi. »

On le voit, la confiance de Charles X dans le sincère attachement de son cousin atteignait les dernières limites.

Le pauvre roi s'abusait avec une rare candeur sur le compte du duc d'Orléans. L'événement le lui prouva bientôt. Quand M. de Latour-Foissac se présenta au Palais-Royal, pour remplir sa mission, il trouva la porte du lieutenant général impitoyablement fermée, et par aucun moyen il ne put réussir à se la faire ouvrir.

Dès le lendemain, des commissaires partirent pour Rambouillet, afin, disait-on, de protéger le départ du roi et de lui faire honneur, en réalité, pour accélérer sa fuite. Avant de prendre congé du lieutenant général, un de ses délégués lui demanda ce qu'ils

---

(1) *Histoire de dix ans.*

auraient à faire si on voulait leur remettre le duc de Bordeaux. « Le duc de Bordeaux, s'écria Louis-Philippe, mais c'est votre roi ! » La duchesse d'Orléans, qui assistait à l'entretien, s'avança vers son époux et se jeta dans ses bras en disant : Ah ! vous êtes le plus honnête homme du royaume ! » Cette parole du duc, qui ravit si fort Marie-Amélie, fut le dernier hommage public qu'il rendit à son devoir envers ses aînés.

Les commissaires étant revenus dans la nuit au Palais-Royal, sans avoir été reçus par Charles X, à cause de l'heure avancée à laquelle ils étaient arrivés à Rambouillet, le lieutenant général, très-irrité, n'eut qu'un mot : « Il faut qu'il parte ! il faut l'effrayer ! »

Dès l'aube, Paris se réveilla aux cris de : « A Rambouillet ! à Rambouillet ! Charles X menace Paris ! » Alors fut organisée une expédition ridicule, qui aurait pu coûter bien cher à ses instigateurs et à ses soldats sans l'audacieux mensonge qui trompa Charles X. Il arriva tout au plus à Rambouillet douze ou quinze mille hommes, partis, les uns en fiacre, les autres en omnibus, tous sans vivres et sans chefs. La moindre charge des gendarmes des chasses eut balayé en un clin-d'œil « l'armée parisienne ». Mais un maréchal de France, Maison, un des commissaires de la veille revenus et reçus ce jour-là, assura au roi qu'il allait avoir affaire à soixante mille hommes. « Charles X n'hésita plus et partit. »

La farce était jouée, les compères applaudirent, et le 9 août 1830, S. A. R. Monseigneur le duc d'Orléans devint S. M. Louis-Philippe Ier, roi des Français.

Un dernier trait : pendant toute la traversée de Cherbourg en Angleterre, le vaisseau qui portait Charles X et la famille royale fut suivi d'un brick armé jusqu'aux dents : le capitaine de ce navire avait reçu l'ordre de surveiller le *Great-Britain*, et à la moindre tentative de retour vers la France, de le couler bas.

Cet exposé, d'une rigoureuse exactitude, peut se passer de tout commentaire. La condamnation de Louis-Philippe n'a été prononcée, ni par les légitimistes, ni par aucun de ses ennemis, mais par sa femme Marie-Amélie. Quand les envoyés de l'hôtel Laffitte arrivèrent à Neuilly le dernier jour de la bataille, et en l'absence de son mari, lui firent part des propositions dont ils étaient chargés, la duchesse d'Orléans ne put retenir son indignation, « Comment pouvez-vous nous supposer capables d'une pareille chose ? s'écria-t-elle. Messieurs, vous nous faites un outrage que nous n'avons pas mérité. » Ces paroles, rapprochées de celles qu'elle prononça au départ des commissaires pour Rambouillet, sont la plus cruelle sentence qui ait été rendue contre Louis-Philippe : l'histoire n'a qu'à l'enregistrer.

Fils d'un père qui avait fait tant de mal aux Bourbons, il semblait que le duc d'Orléans, comblé de faveurs par le roi, devait tenir à honneur de racheter le passé de son nom par une preuve éclatante de dévouement. Il avait devant lui le plus noble rôle qu'un homme de cœur pût ambitionner : consoler un vieillard, protéger un enfant. Il préféra les envoyer tous deux en exil et se mettre à leur place.

Cette bassesse de sentiments inspira toute sa politique à l'égard de la branche aînée. On ne saurait qualifier avec assez de dégoût l'injure faite à Mme la duchesse de Berry, et il n'est rien de plus répugnant que de voir ce roi essayant de déshonorer à la face du monde cette princesse de son sang qui était en même temps la nièce de la reine. Le malheureux se vengeait contre ses victimes du mal qu'il leur avait fait !

Il en fut puni par les soupçons les plus horribles. Quand on descend à certaines dégradations de caractère, on provoque toutes les suppositions, et à quarante ans de distance on traîne dans le bagage de sa renommée le mystère de la mort du prince de Condé. *Is fecit cui profuit.* Il est dans les fastes judiciaires plus d'un condamné qui n'a pas été convaincu autrement.

« Je ne peux pas être régent, s'écriait le lieutenant général ; si Henri V avait une douleur d'entrailles, je passerais en Europe pour un empoisonneur. »

Singulière préoccupation ! Était-ce un pressentiment ?

Nous nous expliquons maintenant ce mot de Louis-

Philippe en parlant du scandaleux Égalité : « Je n'ai jamais connu d'homme plus respectable. »

Nous venons de montrer, pièces en main, la félonie de Louis-Philippe à l'égard des Bourbons : la Révolution a contre lui les mêmes griefs; il l'a trahie avec autant d'indignité qu'il a trahi Charles X.

Le 29 juillet 1830, après trois jours d'une lutte surhumaine, le drapeau tricolore flottait sur tous les édifices, les insignes monarchiques avaient disparu de tous les murs, La Fayette siégeait à l'Hôtel-de-Ville au milieu du peuple en armes : la France était redevenue ce qu'elle était au 10 août, libre de tout lien, maîtresse absolue de ses destinées.

A l'Hôtel-de-Ville, à la réunion Lointier, dans les groupes populaires, partout on croyait que le pays allait être appelé sous bref délai à choisir son nouveau gouvernement.

« Il faut convoquer les assemblées primaires, avait dit dès le 31 juillet M. Jules Bastide au lieutenant général. » C'était le vœu de tous ceux qui avaient combattu les Bourbons, et personne ne s'imaginait qu'une Chambre nommée sur la convocation d'un gouvernement déchu oserait disposer de l'avenir du pays.

Ces prétendus députés n'avaient pas pris possession de leurs siéges.

On ne les avait vus nulle part dans la bataille.

Ils n'avaient plus de mandat.

L'intrigue dont est sortie la monarchie de Juillet a été un attentat manifeste à la souveraineté, un crime de lèse-nation.

Contre tout droit, contre tout principe, contre toute pudeur, quatre-vingt-onze députés sur quatre cents dont se composait la Chambre, appelèrent Louis-Philippe au poste de lieutenant général. Ces intrus sentaient si bien l'usurpation dont ils se rendaient coupables, qu'ils hésitèrent jusqu'au dernier moment à mettre leurs noms au bas de l'acte qui la consacrait.

Le duc d'Orléans accepta.

Le 7 août 1830, les mêmes députés élevèrent le duc d'Orléans au trône par deux cent dix voix contre trente-deux.

Le duc d'Orléans accepta.

Née d'un pareil tour de passe-passe, la royauté de 1830 ne pouvait être qu'un long escamotage du droit populaire, et personne ne peut nier qu'elle fit largement honneur à son origine.

Pour gagner les bonnes grâces de l'Europe, le premier soin de l'usurpateur fut de renier le mouvement qui lui avait donné le trône. Monarque révolutionnaire, Louis-Philippe n'eut qu'un souci : enrayer partout la Révolution, à l'intérieur, à l'extérieur.

A l'intérieur, toute sa politique revient à une énergique et persévérante négation de toutes les idées de réforme. Elle se résume en une constante fin de non-recevoir opposée au suffrage universel. Il y avait dans ce principe une largeur et une franchise qui faisaient horreur à l'esprit tortueux du règne. La passion du gouvernement lui troubla singulièrement la vue, et tout le monde se souvient des prédictions de M. Guizot. Nous n'y reviendrons pas : elles sont la pitié de notre temps.

Contrairement aux aspirations qui avaient mis les armes aux mains du peuple, le cercle de la souveraineté ne fut pas étendu. Tout l'ordre politique du pays reposa sur le système du cens : la fortune conféra seule les droits civiques, et tous les citoyens qui ne payaient pas deux cents francs d'impôts furent impitoyablement tenus à l'écart du pays légal. Les privilégiés seuls votaient et conduisaient les affaires publiques ; c'étaient les citoyens actifs : l'immense majorité était réduite à lire les séances du Parlement au *Moniteur* ou à donner son avis dans la rue, ce qui lui attirait invariablement une ample distribution de coups de fusil.

Tant qu'a régné Louis-Philippe, le peuple a été condamné à l'ilotisme et à l'émeute. Intimider les uns, acheter les autres, fut tout son système. Il ne prévoyait pas qu'un jour ses fils auraient besoin des suffrages du pays. Il est malaisé de venir solliciter le suffrage universel à ceux qui se sont fait chasser plutôt que de l'établir.

Il est certain que les princes font trop peu de cas de la mémoire des peuples : c'est, du reste, la seule excuse de certaines démarches. Si la France pouvait oublier l'âpre entêtement de Louis-Philippe à lui refuser une réforme qu'elle n'a pas cru payer trop cher au prix d'une révolution, elle se souviendra toujours de l'abaissement que lui a infligé le règne de ce roi. Quels que soient les malheurs de l'heure présente, elle ne se fera jamais l'injure de comparer son état actuel aux hontes dont cet homme l'a saturée.

Elle est tombée en se défendant corps à corps contre l'envahisseur. Elle est tombée sans peur et sans reproche, un tronçon d'épée à la main, prête à recommencer la lutte au besoin. Comme le preux de Pavie, elle peut dire : « J'ai tout perdu, fors l'honneur », et elle sait que sous le règne du roi Louis-Philippe un pareil langage eût fait hausser les épaules à tous les rois de l'Europe. Dans le cours de son aventureuse carrière, la France a passé par bien des alternatives de triomphes et de défaites : il appartenait à deux princes de la maison d'Orléans de la déshonorer. En inféodant, sous prétexte d'alliance, la politique française aux intérêts de l'Angleterre, Louis-Philippe a, comme le Régent, fait litière de l'honneur national.

En 1830, les Belges, affranchis du joug de la Hollande, envoient des députés à Paris offrir la couronne au duc de Nemours.

Louis-Philippe refuse cette magnifique occasion d'étendre l'influence française jusqu'aux bouches du Rhin, par peur de l'Angleterre.

Quelques mois plus tard, une armée française passe, victorieuse, tambours en tête, drapeaux éployés, dans les champs de Waterloo : le premier objet qui frappe sa vue est un lion, trophée élevé par le vainqueur à son orgueil ; elle le laisse debout par peur de l'Angleterre.

Au bruit que le czar Nicolas va déclarer la guerre à la France, la Pologne, notre fidèle sœur, se révolte et lui barre le chemin. Le gouvernement français la laissa succomber après des luttes héroïques où elle faillit se sauver par ses propres forces, et pour toute oraison funèbre ne lui donna que le mot atroce de Sébastiani : *l'ordre règne à Varsovie.*

Nous nous étions arrêtés devant la mauvaise volonté de l'Angleterre !

Et qu'est-ce que tout cela à côté de la suprême injure de 1840 ? Il faut demander à M. Thiers quel coup reçurent tous les cœurs français à la nouvelle de la convention du 15 juillet, qui stipulait en notre nom dans un litige où nous n'avions pas été admis à délibérer. La guerre faillit éclater cette fois ; en trois jours, les fortifications de Paris sortirent de terre, de formidables préparatifs se firent sur tous les points du territoire, et quand tout fut prêt, on en resta là, conspués et contents.

Quel contemporain ne se rappelle les insolentes prétentions du cabinet anglais s'arrogeant le droit de visite sur nos vaisseaux contrairement au principe que le pavillon couvre la marchandise? Quoi de plus pitoyable que la condescendance du gouvernement, tout prêt à payer l'indemnité réclamée par je ne sais plus quel aventurier anglais que nous avions chassé de Taïti? Sans l'énergique résistance des chambres, nous acceptions ces deux nouveaux outrages après tant d'autres!

Nous respectons trop le deuil de la patrie pour insister longtemps sur d'aussi cruels souvenirs; qu'il nous soit seulement permis de dire que la France a eu pendant dix-huit ans un roi qui a été constamment au-dessous d'elle.

Louis XIII a eu Richelieu; le souvenir de Fontenoy protége la mémoire de Louis XV; l'Amérique doit à Louis XVI son émancipation. Louis-Philippe a su tout au plus nous garder une colonie. Bon peut-être pour des marchands d'Amsterdam, il n'avait ni le cœur, ni l'âme qu'il faut pour gouverner notre héroïque pays. De l'union de cette monarchie et de ce peuple que pouvait-il sortir? Il ne faut pas se mésallier, dit une vieille maxime. Louis-Philippe a montré à la France la vérité de cet adage; la leçon a été assez chère pour qu'elle la retienne.

Inerte, pour ne pas dire plus, au dehors, sans initiative au dedans, la royauté de Juillet a-t-elle donné au pays les deux bienfaits dont la réunion constitue l'idéal même du gouvernement : l'ordre et la liberté?

Elle les promit, mais il était au-dessus de ses forces de tenir cet engagement.

Dépositaire de la puissance publique, Louis-Philippe portait en lui une cause irrémédiable de faiblesse : c'était l'absence complète d'autorité morale. Sorti roi d'une révolution confisquée à son profit, il exaspérait tous les partis et n'en put désarmer aucun. Pendant de longues années, la France fut réduite à voir le pouvoir obligé de descendre régulièrement dans les carrefours pour s'y colleter avec ses ennemis. La police ne se fit plus qu'à coups de canon, et l'armée, si rare en Europe, bivouaquait constamment dans les rues.

Le massacre des républicains à Paris et à Lyon, l chasse aux légitimistes en Vendée et dans le Midi, furent à peu près le seul emploi que lui donna la monarchie de 1830. Aucun règne n'ensanglanta davantage la patrie. Depuis les troubles provoqués par le procès des ministres jusqu'au 12 mai 1839, émeutes, soulèvements, complots, attentats, se succèdent sans interruption. Lugubre défilé au-dessus duquel planent, avec les deuils de Juin 1832 et d'Avril 1834, les néfastes horreurs de la rue Transnonain !

Impuissant à maîtriser des désordres, dont il était la seule cause, le gouvernement de Juillet s'en prit à la liberté. Non-content de se refuser à toutes les réformes qu'elle réclamait, il lui fit deux blessures qu'elle ne lui pardonnera jamais : la loi de 1834 sur les associations et les lois de septembre 1835 sur la presse.

Quand, à force de répressions et de rigueurs, le pouvoir sembla prendre le dessus, le pays, qu'il croyait pacifié, était tout simplement assoupi de dégoût.

A partir de ce moment, la France s'ennuya jusqu'au jour où le gouvernement qui avait résisté à tant d'attaques furieuses, succomba devant une simple manifestation, foudroyé par le mépris public!

Aucun jusqu'alors n'avait mieux mérité le dédain de la France, aucun ne lui avait été plus funeste. C'est sur lui que pèse la ruine de nos mœurs nationales, et toutes nos catastrophes n'ont été que le fruit de la démoralisation où il fit tomber ce pays. La France de Juillet, partagée en partis enthousiastes, agitée de passions ardentes, éprise des vertus guerrières, avait encore tous les caractères de forte jeunesse qui font les peuples virils. Le génie national n'avait rien perdu de ses plus belles qualités : le courage, la générosité, la droiture. Les formidables tourmentes de la Révolution avaient balayé toutes les souillures du dernier siècle ; les épreuves de l'Empire et la forte discipline de la Restauration avaient refait à la France une nouvelle virginité. A la faveur de quinze années de repos, une génération nouvelle avait surgi, pleine de force et de sève, prête à tous les sacrifices, faite pour fonder la grandeur de la France sur des bases indestructibles. Elle a laissé dans l'histoire de l'art une trace immortelle ; sans l'imposture de Juillet, elle eût fait de ce siècle une épopée incomparable. Une pâle personnalité

fit tout avorter, et dix-huit années d'un pacte adultère
suffirent à précipiter la décadence de ce peuple dont
les plus dures défaites n'avaient pu entamer l'âme !

En même temps que le scandale du règne troublait
toutes les consciences, le matérialisme du trône s'é-
tendait à toute la nation. La vénalité politique, soi-
gneusement stimulée par ce pouvoir, ne fut que le
prélude d'une dépravation plus profonde. Le cœur
même de la société fut atteint; et l'infamie des Praslin,
des Teste et des Cubières, n'excita dans le pays une si
profonde émotion que parce qu'on sentait à de pareils
exemples toute l'immensité du mal.

Que peut-il advenir d'un peuple qui, pour toute
direction morale, reçoit, matin et soir, le conseil de
s'enrichir? Que peut-il advenir d'un peuple dont le
gouvernement n'a pour principe ni l'honneur monarchique, ni la vertu républicaine, mais seulement
l'égoïsme et la plus basse cupidité? Que peut-il advenir d'un peuple quand le chef de l'État n'a pas honte
de venir, par deux fois, mendier devant les Chambres
des dotations pour ses fils?

Au reste, s'il est un trait de caractère que nous
trouvons chez tous les princes d'Orléans, au milieu de
toutes leurs manœuvres et de toutes leurs intrigues,
c'est, dans toute sa bassesse et sa vulgarité, l'amour de
l'or. Nous le rencontrons chez le Régent, chez Égalité,
chez Louis-Philippe; et aujourd'hui, en rentrant sur
cette terre épuisée par une lutte gigantesque, dans la

détresse publique, au milieu même de nos ruines, le premier souci des princes est de réclamer nous ne savons quelle partie de leurs biens, qu'ils ont perdue dans les hasards des révolutions. (Voir la séance de l'Assemblée nationale, 15 septembre.)

C'est que les d'Orléans n'ont jamais vu dans le pouvoir qu'un instrument de fortune, le gouvernement n'a jamais été pour eux qu'une affaire. Tout ce que nous venons de voir de ces princes, également indignes de la France, nous donne le droit de dire que, si l'affaire a été brillante pour eux, il n'en sera jamais de même pour le pays.

*
* *

Quelle que doive être la Constitution de la France, ce qu'il y a de certain, c'est que cette Constitution n'aura de valeur et d'autorité qu'autant que, établissant loyalement un régime en harmonie avec le génie de la France, avec son passé et son avenir, elle sera faite au nom d'un principe hautement et franchement affirmé, son but étant d'arracher le pays aux compétitions, aux intrigues et aux divisions, pour le rendre à lui-même, elle ne peut accomplir son œuvre et rallier tous les Français qu'au nom d'une idée et sous un drapeau. La Constitution ne doit pas être un compromis après tant d'autres. Si la France sort du provisoire, ce ne doit pas être pour entrer dans l'équivoque, c'est-à-dire dans une nouvelle période de trouble, de confusion et d'incertitude, et c'est pourquoi elle écartera d'elle ces inconnus à qui nos malheurs ont fourni l'occasion de poser leur candidature.

Que représente, en effet, leur dynastie? Est-ce le droit monarchique? Elle en est la négation par son origine. Est-ce le droit populaire? Elle en fut l'ennemie le plus acharné de **1830** à **1848**. Est-ce la liberté? Elle a composé tout l'arsenal des lois restrictives contre la liberté de la presse, la liberté de réunion, la liberté d'association, la liberté municipale, la liberté d'enseignement. Est-ce l'ordre? Elle s'est glissée au pouvoir à la faveur d'une insurrection; elle ne s'y est maintenue qu'en étouffant dans le sang les insurrections; elle a été emportée par une insurrection. Est-ce la grandeur nationale? Elle a érigé en système politique l'humiliation et l'abaissement de la France. Est-ce l'honnêteté dans le gouvernement? Son histoire n'est qu'une succession de scandales, depuis le cardinal Dubois jusqu'au ministre Teste.

Non, cette dynastie ne représente rien. Elle est née de l'équivoque. Elle a vécu de l'équivoque. Et si elle renaissait, ce serait encore d'une équivoque. Elle a un passé, et quel triste passé! Mais elle n'a ni traditions ni avenir. Et comment pourrait-il en être autrement? Gênée par sa situation fausse, obligée par le vice de son origine à une conduite ambiguë, à un perpétuel compromis entre les principes les plus divers, elle ne peut avoir qu'une politique entièrement négative; paralysée par les éléments contraires qui luttent en elle, elle est condamnée à un éternel *statu quo*. Aussi son gouvernement, créé exprès pour les intrigues et les agitations, ne peut-il être que le champ de bataille des partis appelés à le renverser tôt ou tard, parce qu'ils luttent au nom d'une idée. C'est un gouvernement de fait, un gouvernement d'occasion, un gouvernement essentiellement transitoire, destiné à rentrer dans la poussière le jour où la France veut redevenir quelque chose.

Si la dynastie d'Orléans a des titres que nous ignorions à la confiance du pays, qu'elle les fasse connaitre ! Mais si ces titres sont ceux que l'histoire lui attribue, et elle n'en peut avoir d'autres, si c'est au nom de ce passé que quelques hommes rêvent une restauration impossible, nous ne craignons pas d'en appeler à tous les partis, à toutes les classes de la société.

Royalistes, cette dynastie a cherché de tout temps à capter l'héritage de l'antique monarchie française. Elle a envoyé Louis XVI à l'échafaud par la voix d'Égalité. Elle a chassé Charles X et l'a condamné avec sa famille à un perpétuel exil. Laissons en repos les cendres du prince de Condé et la mémoire de Mme la duchesse de Berry.

Républicains, cette dynastie vous a escamoté la révolution que vous aviez faite en 1830, et ensuite elle vous a persécutés, condamnés et emprisonnés pendant dix-huit ans.

Catholiques, cette dynastie a subalternisé et avili la religion en faisant à l'Église un régime sans dignité comme sans liberté.

Soldats, les autres régimes vous rappellent Rocroy, Denain, Jemmapes, Fleurus, Austerlitz. Que vous rappelle la dynastie d'Orléans?

Bourgeois, le gouvernement des intérêts a inoculé à la France cette maladie qui la ronge et qui vous effraie. Enrichissez-vous! ce mot entendu du peuple est devenu le signal de la guerre sociale.

Ouvriers, ce gouvernement, qui provoquait toutes les convoitises et s'en faisait gloire, n'a jamais eu pour vous que des coups de fusil et des répressions sanglantes.

Ouvriers et paysans, les d'Orléans se sont fait expulser plutôt que de vous accorder le droit de suffrage, le droit de donner votre avis sur l'administration de vos affaires. A la veille même de 1848, ils proclamaient, par la voix de leur premier ministre, que l'heure du suffrage universel *ne viendrait jamais !* Hommes du peuple, souvenez-vous de cette parole !

Et nous tous, Français dévoués avant tout à la grandeur de la patrie, souvenons-nous que cette dynastie ne lui a donné ni l'ordre, ni la liberté, ni la gloire, mais seulement un régime d'intrigue, de corruption et d'immoralité, qui est la première origine de tous nos malheurs.

Si la France veut être sauvée d'une décadence irrémédiable et préservée de nouvelles révolutions, elle doit rompre avec ce passé. Elle doit chasser sans retour ces gouvernements aux systèmes bâtards, aux combinaisons menteuses où se pervertit son génie et où s'épuise sa vitalité. Aujourd'hui elle est comme un vaisseau longtemps secoué par la tempête. A peine sortie du noir tourbillon, brisée, mutilée, elle flotte au hasard dans la nuit. Mettons-nous tous à la manœuvre, et nous conduirons le navire au port. Mais, d'abord, que les nuages se dissipent! que l'horizon s'éclaircisse! Il faut savoir où nous allons. Il faut que quelque chose nous guide, établisse entre nous la communauté des volontés, des sentiments et des efforts. Alors seulement nous pourrons nous remettre en marche. Pour que la France rentre dans sa voie, il faut qu'elle se retrouve enfin, qu'elle reprenne conscience d'elle-même, qu'elle refasse son unité morale, afin que son territoire redevienne une patrie et ses enfants un peuple.

Oui, c'est alors que vous renaîtrez l'un et l'autre, grand peuple, patrie bien-aimée. France, tu resteras ce que les siècles t'ont faite : la terre natale ou le rendez-vous de toutes les gloires, de toutes les nobles idées, de tous les généreux sentiments. Ce que tes rivales se partagent comme autant de titres d'honneur : sciences, lettres, beaux-arts, industrie, commerce, tu continueras à le réunir dans ton sein, source intarissable de merveilles. Les épreuves que tu as traversées n'auront servi qu'à retremper ta vigueur, à rehausser ton éclat, à rendre ta beauté plus touchante, à raviver avec notre amour filial notre foi invincible dans la perpétuité glorieuse de tes destinées. Les barbares du Nord se sont rués sur toi ; ils t'ont foulée aux pieds, ils ont ravagé tes campagnes, bombardé tes villes, massacré tes fils héroïques, et aujourd'hui ils se partagent tes trésors. Qu'importe ! tu as toujours les ressources inépuisables de ton génie; tu sens toujours palpiter en toi l'âme d'une grande nation, et ce que tu ne permettras pas, c'est que ce génie se corrompe et s'étiole sous un régime étroit et misérable, c'est que cette nation se rapetisse à la taille d'une dynastie sans grandeur. Tu n'es point sortie de ces luttes gigantesques pour t'ajouter aux domaines de la maison d'Orléans, mais pour redevenir la fille aînée du droit et de la civilisation !

FIN